Gedanken eines Praktikers

zur Frage des

„Juristischen Modernismus".

Von

Dr. A. N. Zacharias,
Oberlandesgerichtsrat in Hamburg.

Berlin 1910.
J. Guttentag, Verlagsbuchhandlung,
G. m. b. H.

Mehr als vier Jahre sind vergangen, seitdem der Oberbürgermeister Adickes seine warnende Stimme erhoben und eindringlich auf die Gefahr eines Niederganges des Vertrauens in unsere Rechtspflege hingewiesen hat. Zwei Jahre ist es her, daß Ernst Fuchs sein aufsehenerregendes kleines Schriftchen „Recht und Wahrheit in unserer heutigen Justiz" hat erscheinen lassen. Sicherlich wird in der Zwischenzeit eine große Zahl deutscher Richter der Bewegung, die mit dem treffenden Schlagworte „Juristischer Modernismus" bezeichnet worden ist, Aufmerksamkeit geschenkt haben. Ich vermute, daß manche von jenen Richtern es sich haben angelegen sein lassen, die durch jene Bewegung gegebenen Anregungen an dem Maßstabe ihrer täglichen Berufserfahrungen zu prüfen. Da könnte es — so scheint mir — nicht unwesentlich zur Klärung der Anschauungen beitragen, wenn von vielen Seiten die so in der Praxis gewonnenen Eindrücke der Öffentlichkeit mitgeteilt würden. Die nachfolgenden Zeilen sind bestimmt, die Erfahrungen und Eindrücke wiederzugeben, die mir nach jener Richtung die praktische Tätigkeit im Berufe gebracht hat.

Mein Ausgangspunkt ist die Überzeugung, daß die ernste Warnung des Oberbürgermeisters Adickes eine durchaus begründete war. Zu beweisen, daß das der Fall war, ist kaum möglich. Man kann nur an die persönliche Erfahrung des einzelnen appellieren. Für mich selbst — und, wie ich glaube, für recht viele deutsche Juristen — besteht kein Zweifel.

Forscht man den Ursachen der verbreiteten Unzufriedenheit mit den Leistungen unserer Ziviljustiz nach, so erhebt sich in allererster Linie die Frage, ob etwa die Einführung des Bürgerlichen Gesetzbuchs zur Herbeiführung oder Steigerung jener Unzufriedenheit in erheblichem Maße beigetragen hat. Ich denke nicht daran, zu bestreiten, daß zwischen der heute bestehenden Unzufriedenheit und der Einführung des Bürgerlichen Gesetzbuchs ein gewisser Zusammenhang besteht. Aber ich habe in der Praxis den Eindruck gewonnen, daß der Anteil, den die Tatsache der Einführung des neuen Rechts an den Ursachen der Unzufriedenheit hat, als ein nur geringer angesehen werden muß, und daß die Hauptursachen jener Verstimmung auf einem ganz anderen Gebiete liegen als demjenigen der Gestaltung des bürgerlichen Rechts. Immerhin verkenne ich nicht, daß eine ungünstige Nebenwirkung der Einführung des bürgerlichen Rechts sich so deutlich fühlbar gemacht hat, daß diese Erscheinung nicht übergangen werden darf; es wird sich empfehlen, sie kurz zu erörtern, bevor man sich zur Erwägung der Hauptursachen wendet.

Man geht, meiner Ansicht nach, fehl, wenn man für die ungünstige Nebenwirkung der Einführung des Bürgerlichen Gesetzbuchs an erster Stelle den Inhalt des Gesetzes selbst verantwortlich macht, wie das vielfach geschieht. Mir hat sich in den letzten Jahren die Überzeugung aufgedrängt, daß jene bedauerliche Folge viel weniger auf die Beschaffenheit des neuen Rechts als auf die Unbeholfenheit, mit der wir zunächst das neue Recht angewandt haben, zurückzuführen ist.

In meiner Heimat Hamburg herrschte bis 1900 in der Hauptsache Gemeines Recht. Während wir Hamburger Juristen daher auf weiten Rechtsgebieten uns mit großer Elastizität zu bewegen gewohnt waren, war man anderseits bei uns geneigt, da, wo eine Kodifikation vorlag, den Buchstaben des Gesetzes mit großer Strenge anzuwenden. In dem gleichen Sinne verfuhr man zuerst, nachdem nun auch das bürgerliche Recht vollständig kodifiziert war. Ich gedenke oft der damaligen Zeit, in der ein von mir besonders verehrter bedeutender Praktiker, wenn bei der Beratung von einer Entscheidung „aus dem Geiste des Gesetzes heraus" die Rede war, über die Geisterseher spottete. Einige Jahre genügten, deutlich erkennen zu lassen, daß man angesichts der geschehenen Ausdehnung des kodifizierten Rechts und der Vielgestaltigkeit des Lebens bei unverändert strenger Auslegung des geschriebenen Gesetzes nicht selten zu Entscheidungen kam, die im praktischen Leben als unpraktisch und das Billigkeitsgefühl verletzend empfunden werden mußten. Man litt darunter, aber wagte nicht zu freierer Auslegung überzugehen. Es wurde daher bei uns von manchen wie eine befreiende Tat empfunden, als das Reichsgericht begann, das

Bürgerliche Gesetz von einem freieren Standpunkte auszulegen. Ich nenne als Beispiel aus damaliger Zeit die Entscheidungen nach der es einer besonderen Fristsetzung nach § 326 BGB. im Falle vorheriger ernstlicher Erfüllungsweigerung des säumigen Teils nicht bedarf. Mit Freuden sah man dann das Reichsgericht entschlossen den Weg analoger Rechtsanwendung betreten, wo das Verkehrsbedürfnis dem Reichsgerichte die analoge Rechtsanwendung zu erheischen schien. Typen solcher Auslegung des Gesetzes sind die Erwägungen in den Entscheidungsgründen RG. 63, 61 und RG. 69, 95 ff.

Als wir — ich spreche von einem Kreise befreundeter Juristen — vor Jahren den Kurs, den das Reichsgericht steuerte, zuerst verstanden, da nannten wir das, was geschah, nicht „Auslegung", sondern „Rechtsentwickelung". Wir meinten, eine solche Rechtsentwickelung durch das höchste Gericht sei als etwas Vortreffliches zu begrüßen, aber es stehe den unteren Gerichten nicht zu, wo nicht das Reichsgericht voraufgegangen sei, mit gleicher Freiheit zu verfahren. Ich kann mich des Eindrucks nicht erwehren, daß viele Juristen noch heute, bewußt oder unbewußt, auf diesem Standpunkte verharren. Man fürchtet, dann, wenn man das Verkehrsbedürfnis zum Maßstabe für die Zulässigkeit analoger Rechtsanwendung mache, ins Uferlose zu geraten. Man hält sich durch das juristische Gewissen gebunden, indem man nur dem Reichsgerichte eine durch die Verhältnisse gegebene Ausnahmebefugnis konzediert. Diese Auffassung — vielleicht sage ich besser „Stimmung" — halte ich für unberechtigt und schädlich. Sie führt zu unpraktischen Entscheidungen, die das Vertrauen der Bevölkerung zur Leistungsfähigkeit der Gerichte beeinträchtigen. Wenn gegebenenfalls die Richter einer Landgerichtskammer oder eines Oberlandesgerichtssenats eine analoge Rechtsanwendung für billig und dem Verkehrsbedürfnis entsprechend erachten, so ist es nicht recht, wenn sie vor der freien Tat zurückschrecken und vorziehen, lieber dem höheren Gerichte den schweren Schritt zu überlassen oder gar — wenn die Sache nicht revisibel ist — einstweilen bei der strengen Auslegung zu bleiben, bis etwa einmal in einer anderen Sache das Reichsgericht zu der aufgetauchten Rechtsfrage Stellung nehmen werde. Der Partei, die ihren Prozeß verliert und außer sich ist über die unpraktische Entscheidung, nützt es nichts, wenn ein Jahr später das Reichsgericht in einer anderen Sache klarstellt, daß in solchem Falle anders zu urteilen sei. Es gibt keine Verschiedenheit der Auslegungsregeln für die Entscheidungen durch das Reichsgericht und die Entscheidungen durch andere Gerichte. Wenn man die Methode der Auslegung, die das Reichsgericht anwendet, für gut erachtet und sich ihrer freut, so soll man dem Reichsgerichte nachstreben und nicht absichtlich hinter ihm zurückbleiben. Man muß dann die Wohltat richtiger — wenn auch gewagter — Gesetzesauslegung auch denjenigen Rechtssuchenden zuteil werden lassen, die das Unglück haben, daß in ihrem Prozesse eine noch ungeklärte Rechtsfrage eine Rolle spielt, und die dabei nicht in der Lage sind, das Reichsgericht als höchste Instanz anzugehen.

Ich halte die Stellungnahme der einzelnen Richter zu diesen Fragen für brennend wichtig. Seitdem ich mit mir einig geworden bin, daß ich bei der Abstimmung mich von gleichen Erwägungen leiten lassen darf, wie sie das Reichsgericht in den neueren Entscheidungen der gedachten Art angestellt hat, ist mir das drückende Gefühl, zu unpraktischer oder unbilliger Entscheidung genötigt gewesen zu sein, völlig erspart geblieben. Wenige Dinge lähmen so die Berufsfreudigkeit des Richters als das Gefühl des Konfliktes zwischen Gesetz und Billigkeit. Selbstverständlich muß bei derart ausdehnender Auslegung mit strengster Selbstzucht verfahren werden, damit nicht Willkür einreiße. Ich glaube aber nicht, daß der deutsche Richterstand zur Willkür hinneigt. Eher wird ihm der Fehler zu ängstlicher Gewissenhaftigkeit anhaften. Daher halte ich die Gefahr für gering. Um so größer erscheint mir der Nutzen für die Autorität der Gerichte, die durch unfreies Verhalten den Vorwurf der Weltfremdheit auf sich laden.

Ich wende mich zur Erörterung derjenigen Umstände, in denen ich die Hauptursachen der bestehenden Unzufriedenheit mit den Leistungen unserer Ziviljustiz erblicke, indem ich erneut betone, daß, im Vergleich mit diesen hauptsächlichen Ursachen, den bisher erörterten Unzuträglichkeiten, die durch die Einführung des neuen Rechts hervorgerufen sind, eine im Verhältnis nur geringe Bedeutung zuzuschreiben ist. Die Hauptursachen finde ich in bestimmten Unvollkommenheiten der Ausbildung und Fortbildung der Richter, sowie in einer bestimmten Tendenz unserer Rechtsprechung, welche mit jenen Unvollkommenheiten zusammenhängt.

Daß wir Richter den Vorwurf der „Weltfremdheit" über uns ergehen lassen müssen, ist uns allen eine vertraute Tatsache. Der Vorwurf der Weltfremdheit erweckt die Vorstellung, als ob unsere Richter durchschnittlich unpraktische Stubengelehrte wären. Ich glaube nicht, daß dieser Typus im deutschen Richterstande stark vertreten ist. Indessen, der gemachte Vorwurf entspringt einem weitverbreiteten und nach meiner Überzeugung nicht unbegründeten Empfinden. Die Laienwelt empfindet eine Unvollkommenheit der Rechtsprechung in Zivilsachen, ohne jedoch den Sitz des Übels richtig zu erkennen. Richtiger gefaßt müßte der Vorwurf lauten: häufig ist der Richter bei der Entscheidung mit den tatsächlichen Verhältnissen, aus denen der Streitfall hervorgewachsen ist, nicht so vertraut, wie es zur Findung eines gerechten Urteils erforderlich ist.

Die Forderung, daß der Richter, bevor er urteilt, den tatsächlichen Sachverhalt beherrschen soll, erscheint so selbstverständlich, daß man sich fast scheut, diesen Satz noch besonders auszusprechen. Und dabei ist es doch unendlich schwierig, die Forderung stets zu verwirklichen.

Für mich sind bestimmte hin und wieder in der Praxis gemachte Erfahrungen bedeutungsvoll gewesen. Zunächst die folgende: Ein an das Gericht gebrachter Rechtsfall erscheint zunächst übersichtlich und verständlich. Man könnte fast schon entscheiden. Indessen nimmt der die Sache bearbeitende Richter noch Veranlassung, sich über die allgemeinen, tieferen Grundlagen des Falls — ich nenne sie die Grundverhältnisse — genauer zu informieren. Als solche Grundverhältnisse können z. B. in Betracht kommen: die wirtschaftliche Struktur und die wirtschaftlichen Voraussetzungen von Handelsgeschäften bestimmter Art, Lebens- und Verkehrsgewohnheiten bestimmter Kreise, naturwissenschaftliche und technische Verhältnisse bei Patent- und ähnlichen Prozessen. Infolge solcher Information wird plötzlich der Fall in ein anderes Licht gerückt. In der neuen Beleuchtung erscheinen bisher beiseite gelassene Tatsachen wichtig. Dadurch, daß sich der Richter mit dem Boden vertraut gemacht hat, aus dem gewissermaßen die Tatsachen hervorgewachsen sind, auf welche die Klage gestützt wird, wird der

Richter schließlich zu einer anderen, richtigeren Entscheidung geführt. — Aus der großen Tragweite eines Verstehens der zugrunde liegenden Interessenbeziehungen und sonstigen tatsächlichen Verhältnisse erklärt sich auch zum Teil die Erscheinung, daß so oft die persönliche Vernehmung der Parteien zu überraschender Verschiebung der Situation führt. Die Parteien abstrahieren nicht wie ihre Anwälte. Sie bemühen sich, den Richter über die Interessenlage zu unterrichten, denn für sie steht diese Seite der Sache im Vordergrunde. Dadurch rücken sie den Fall für den Richter in eine neue Beleuchtung.

Und mehr als das: Ich habe den Eindruck gewonnen, daß bei der Beratung einer Entscheidung ein tieferes Eindringen in das Verständnis der tatsächlichen Grundverhältnisse regelmäßig dem Streit divergierender juristischer Meinungen ein Stück Boden entzieht und den Kampfplatz einengt. Mit jeder Vertiefung der Einsicht in die tatsächlichen Grundverhältnisse wächst das Schwergewicht des Billigkeitsempfindens. Für gereifte Männer ist es ein ungeheuer schwerer Entschluß, wenn sie, weil das Gesetz eine andere Entscheidung nicht zuläßt, gegen ihr Billigkeitsempfinden entscheiden sollen. Hat die Vertiefung jener Einsicht in die tatsächlichen Verhältnisse ein homogenes Billigkeitsempfinden bei den Mitgliedern des Richterkollegs wachgerufen, so erlahmen diejenigen anfangs unternommenen juristischen Konstruktionsversuche, die zu einer entgegengesetzten Entscheidung würden führen müssen.

Ich zweifle nicht, daß jeder deutsche Richter von dem guten Willen erfüllt ist, den tatsächlichen Sachverhalt, über den er urteilen soll, gründlich zu verstehen. Ich glaube aber, daß viele, namentlich an Lebensalter noch junge Richter nur eine unvollkommene Vorstellung davon haben, wie tief man oft in die Tatsachen hineinfassen muß, um alles Relevante zu erfassen. Viele werden durch die Untugend behindert, daß sie, wenn ein Sachverhalt vor ihnen sich aufrollt, viel zu früh mit der Rechtsanwendung beginnen, lange bevor sie noch die Tatsachen in ihrer Totalität begriffen haben.

Ich erwarte den Einwand, daß nach unserem Prozeßrechte es Sache der Parteien ist, dasjenige vorzubringen, was ihnen relevant erscheint, und daß dem Richter nicht zugemutet werden dürfe, Tatsachenmaterial sich selber herbeizuschaffen. Das ist an sich sicherlich richtig. Aber ich erinnere daran, daß der Ausgangspunkt dieser

Erwägungen die Überzeugung ist, daß die Festigkeit des Vertrauens in den Wert unserer Rechtsprechung zu wünschen übrig läßt. Der Fabrikant, der in seinem Patentprozesse das ergangene Urteil liest und in den Entscheidungsgründen Erwägungen findet, die auf technischer Unkenntnis des Richters und technischen Unmöglichkeiten ruhen, wird in seinem Vertrauen zur Rechtspflege erschüttert und wirft den Richtern „Weltfremdheit" vor. Für eine gewaltige Zahl von Geschäftsleuten ist der Interessenkreis, in dem sich ihr Geschäft bewegt, ihre „Welt". Der Spediteur, der prozessiert und im Urteile auf Gedanken stößt, die deutlich verraten, daß der Richter sich ein mit der Wirklichkeit durchaus nicht stimmendes Bild von dem Geschäftsbetriebe eines Speditionshauses gemacht hat, kann sich des Eindrucks nicht erwehren, daß der Richter ein „völlig weltfremder" Mann sei. Will der Richter das Seinige dazu beitragen, daß die Bevölkerung bei unserem hoch entwickelten und stark differenzierten Verkehrsleben zur Leistungsfähigkeit unserer Gerichte volles und höchstes Vertrauen bewahre, so darf er eben nicht bei dem unbedingt Unerläßlichen stehen bleiben. Dann muß er mehr leisten, als er zu tun verpflichtet ist. Dann muß er Arbeit und Mühe, sogar sehr viele Mühe, einsetzen, um sich selbst auf das Niveau reicherer persönlicher Erfahrung zu erheben, die es ihm ermöglicht, in zunehmendem Maße die grundlegenden Verhältnisse zu verstehen, aus denen die Streitfälle seines Bezirks sich zu entwickeln pflegen. Nur den Urteilen von Richtern, die das anstreben, wird in der Praxis der Vorwurf der „Weltfremdheit" erspart bleiben.

Besonders wichtig scheint mir das Vorhandensein tiefster Einsicht in die wirtschaftlichen Verhältnisse und die Lebensgewohnheiten dann, wenn über die Wahrung von Treu und Glauben im Verkehr zu entscheiden ist. Nach den Eindrücken, die ich in der Praxis gewonnen habe, macht sich nicht immer der Richter genügend klar, wie viele Umstände bei der Abwägung mit in den Bereich der Überlegung gezogen werden müssen, und wie schwer andererseits die Partei durch den Vorwurf unlauteren Verhaltens getroffen werden kann. Gerade auf dem Gebiete solcher Entscheidungen kann nicht selten eine gerechte Entscheidung nur bei ganz gründlicher Kenntnis der äußeren Bedingungen, unter denen sich die in Betracht kommenden Vorgänge ereignet haben, gefällt werden. Auf denjenigen, gegen den der Richter den Vorwurf arglistigen oder sonst unlauteren

Verhaltens erhoben hat, muß der Vorwurf dann ganz außerordentlich erbitternd, ja empörend, wirken, wenn für ihn offenbar ist, daß der Richter nicht die genügende Einsicht in die tatsächlichen Verhältnisse gehabt hat und nur infolgedessen zu seiner Entscheidung gekommen ist. Wenige andere Fehler der Rechtsprechung werden so schädigend auf das Vertrauen in die Leistungsfähigkeit der Gerichte wirken, wie auf mangelnder Einsicht in die tatsächlichen Verhältnisse beruhende Vorwürfe unlauteren Verhaltens.

Wenn in der Tat die verbreitete Unzufriedenheit mit den Leistungen der Rechtsprechung in Zivilsachen zu einem nicht geringen Grade ihren Grund darin hat, daß der Richter zuweilen mit dem tatsächlichen Boden, auf dem der Fall erwachsen ist, nicht genügend vertraut ist, so erhellt die Notwendigkeit, für die Beseitigung solcher Unvollkommenheiten der Rechtsprechung mit aller Kraft zu wirken.

Es wird kaum zu bezweifeln sein, daß unter den jüngeren deutschen Richtern und den Gerichtsassessoren sehr viele von der Vorstellüng beherrscht sind, daß die Beschäftigung mit der Rechtswissenschaft die geistig vornehmere, ideale Seite ihrer Tätigkeit darstelle, und daß demgegenüber die Ermittelung und Würdigung der tatsächlichen Verhältnisse mehr den Charakter des Handwerksmäßigen und Untergeordneten trage. Sie glauben, ihre Berufsfreude nur aus der Beschäftigung mit der Rechtswissenschaft schöpfen zu müssen. Diese relative Bewertung zweier Seiten der richterlichen Tätigkeit ist nach meiner Ansicht ein Unglück für die Rechtspflege*). Sie hat zur Folge, daß nach dem Abschlusse der eigentlichen Lehrzeit durch das letzte Examen gerade die besten, von Arbeitslust beseelten, Elemente ihre überschüssige Arbeitskraft rechts-

*) Auf das in der Praxis fühlbare Vorherrschen des Interesses an den Rechtsfragen gegenüber dem Interesse an den Tatfragen, ist in der Literatur von Ernst Fuchs hingewiesen. Ich mache auf die Ausführungen von Fuchs in seiner Schrift „Die Gemeinschädlichkeit der konstruktiven Jurisprudenz", Karlsruhe 1909, z. B. auf Seite 196, aufmerksam. Bei dieser Gelegenheit möchte ich folgendes bemerken: Obwohl ich den Kerngedanken der Fuchsschen Desiderien, und zwar den Wunsch nach einer „soziologischen" Rechtsprechung, wie Fuchs sie sich denkt, nicht zu billigen vermag und überhaupt in schier zahllosen Punkten mit Fuchs durchaus nicht übereinstimme, glaube ich doch, daß den Fuchsschen Publikationen ein nicht geringes Verdienst beizumessen ist. Ganz abgesehen davon, daß sie nicht wenige unmittelbar wertvolle — zum Teil auch in diesen meinen

wissenschaftlichen Arbeiten zuwenden. Ich bin wahrlich kein Verächter der Rechtswissenschaft, und ich verkenne nicht, daß durch das gewaltige Maß von Arbeit, das bei der Schaffung von Monographien und kleinen Abhandlungen durch junge Richter aufgewendet wird, der Wissenschaft auch Förderung erwächst. Aber ich glaube doch, daß der Nutzen solcher Arbeit jüngerer Männer, die noch nicht über reiches Erfahrungsmaterial verfügen, im ganzen in gar keinem Verhältnisse zu dem Schaden steht, den die Rechtspflege dadurch erleidet, daß gerade die besten der jungen Assessoren und Richter von der so bitter notwendigen Aufgabe, sich mit aller Energie nach anderen Richtungen weiter zu bilden, abgelenkt werden.

Adickes schrieb: „Allein weite, vom Klassenkampf und seiner Theorie unbeeinflußte Kreise erheben doch auch ihrerseits lebhafte Beschwerde darüber, daß unser Berufsrichtertum zu wenig Fühlung mit dem wirtschaftlichen und sozialen Leben und zu wenig Verständnis für die verwickelten Vorgänge, die psychologischen Grundlagen und die treibenden Anschauungen der Gegenwart besitze." Ich glaube, er hat einer gewaltigen Anzahl von intelligenten Angehörigen der erwerbenden Stände aus der Seele gesprochen. Die Unvollkommenheit, die man an der Zivilrechtspflege empfindet, wird man durch Steigerung der Anforderungen an die juristische Fachausbildung nicht beseitigen. Nach meiner Überzeugung kann man nur dadurch helfen, daß man dem Lerneifer und der Arbeitslust der jungen Juristen, die die Examina hinter sich haben, andere Bahnen zu weisen sucht. Man muß versuchen, diejenigen, die sich der Aufgabe praktisch richterlicher Tätigkeit zu widmen gedenken, schon frühzeitig mit der Überzeugung zu durchdringen, daß sie über

---

Ausführungen unterstützte — Anregungen enthalten, sind sie in außerordentlichem Maße geeignet, den Praktiker zu ernster, selbständiger Nachprüfung überkommener Anschauungen und Gewohnheiten zu veranlassen und ihn zur Klärung seiner Ansichten über manche grundsätzliche Fragen, die in der Alltagsarbeit des Juristen von Wichtigkeit sind, anzutreiben. Ich stehe nicht an, auszusprechen, daß die Beschäftigung mit den von Ernst Fuchs in so energischer Weise zur Diskussion gestellten Problemen mir nach meiner Ansicht für meine tägliche Berufsarbeit entschieden Förderung gebracht hat. — Vgl. übrigens zur Frage der „Tatsachenjurisprudenz" die vortrefflichen Ausführungen von Düringer, Richter und Rechtsprechung, Leipzig 1909, S. 90.

die Verhältnisse des praktischen Lebens zu entscheiden haben werden, und daß daher — nach erlangter voller wissenschaftlicher Befähigung — nunmehr ihr Bestreben darauf gerichtet sein muß, sich reiche Kenntnis und Erfahrung auf den verschiedensten Gebieten des praktischen Lebens anzueignen.

Ich weiß sehr wohl, daß das zunächst sehr unbestimmt klingt, und daß der Leser fragen wird, wie ein junger Mann es anfangen solle, sich „Lebenserfahrung" anzueignen. Selbstverständlich kann das nicht anders geschehen, als in der Art, daß jeder nach seiner Begabung und Neigung mit einem bestimmten Ausschnitt des großen Verkehrslebens beginnt.

Die weitaus wichtigste und von der Bevölkerung bei manchem unserer jungen Richter am schmerzlichsten vermißte „Erfahrung" ist die Vertrautheit mit der Denkweise der im vollen wirtschaftlichen Erwerbskampfe stehenden Kreise. Ich halte es für einen überaus folgenschweren Irrtum, daß so viele meinen, diese Erfahrung werde zur Genüge in der richterlichen Amtstätigkeit gewonnen.

Ein junger Jurist, der in guten Verhältnissen aufgewachsen, die Universität besucht und im Heere gedient hat, tritt mit einer Denkweise in die Amtstätigkeit ein, die von der Denkweise der mittleren Erwerbsstände recht sehr verschieden ist. Die Not und der Zwang des Konkurrenzkampfes sind ihm fremd, und für eine gerechte Würdigung der Handlungen im Erwerbsleben fehlen ihm noch die richtigen Maßstäbe. Sodann ist es für einen mit der Denkweise und Ausdrucksweise anderer Stände nicht vertrauten jungen Richter kaum möglich, bei der Zeugenvernehmung das zu leisten, was verlangt werden muß. Die Lage eines solchen Richters ist vergleichbar mit derjenigen eines Fremden, der die deutsche Sprache erlernt hat und ganz korrekt zu sprechen versteht, aber noch nicht lange unter Deutschen gelebt hat. Unendlich vieles wird im Verkehr durch halbe Worte und umschreibende Andeutungen ausgedrückt. Ebenso wie jener Fremde im Gespräche mit Deutschen nur das wirklich Ausgesprochene, nicht aber die halben Worte und Andeutungen, aufzufassen vermag, kann auch der mit der Denkweise und den Lebensgewohnheiten der betreffenden Kreise nicht vertraute Richter bei der Vernehmung der Zeugen nicht gehörig dem nur halb ausgesprochenen und undeutlich erkennbar werdenden Gedankengange des Zeugen folgen. Er vermag nicht, wie es notwendig ist, die Meinung zunächst halb zu erraten, um dann sachgemäß nachzufassen und auf Klärung der Äußerung hinzuwirken. Es ist für den kundigen Zuhörer eine Art von Folter, wenn er einer Zeugenvernehmung durch einen jungen Richter zuhört, dem, während er vom denkbar besten Willen beseelt ist, das Verständnis für die Art und Weise der Zeugen aus dem Volke fehlt.

Es wird kaum einen leichteren und schnelleren Weg geben, sich in die Anschauungs- und Handlungsweise der mittleren Erwerbsstände einzuleben, als den, daß der junge Jurist als Anwalt tätig ist. Aber die vorübergehende Beschäftigung des Referendars beim Anwalte ist zu kurz, und sie vermag im übrigen ernstlichen Nutzen nach der bezeichneten Richtung auch nur dann zu bringen, wenn dem Referendar in ausgedehntem Maße Gelegenheit zum persönlichen Verkehr mit den Klienten gegeben wird. Denn nur die persönliche vertrauliche Unterredung mit den Leuten, nicht der Inhalt von Akten und nicht dasjenige, was man vor Gericht hört, vermag dem Neuling das Verständnis für die Anschauungsweise der Angehörigen anderer Stände und für die Motive, die sie zu bestimmen pflegen, zu erschließen. Aber das öffentliche Leben und gemeinnützige Bestrebungen und Unternehmungen aller Art bieten dem jungen Juristen, der den Verkehr mit Angehörigen mittlerer Stände wirklich suchen will, und der Mühe und Zeitaufwand nicht scheut, ungezählte Möglichkeiten, die erforderliche Fühlung zu gewinnen. Es handelt sich meiner Ansicht nach in der Hauptsache nur um eine Frage des Willens. Zu dem Willen muß allerdings Bescheidenheit und eine gute Dosis Taktgefühl gesellt sein. Wer innerlich zur Überhebung über andere Stände neigt, wird meist auch der Fähigkeit entbehren, das Vertrauen von Männern bescheidenerer Bildung zu erwerben, und es wird ihm auch der Weg zum wirklichen Verstehen ihrer Art und Weise verschlossen sein.

Schwieriger noch wird es für manche junge Juristen sein, sich mit der Denkweise, den Tendenzen und den Gepflogenheiten, die in der Großindustrie und im Großhandel herrschen, bekannt zu machen und hier einen tieferen Einblick zu gewinnen. Von großem Werte für die richterliche Tätigkeit ist es m. E. schon, wenn der junge Jurist sich bemüht, auch ohne tieferes Eindringen in die Verhältnisse doch von der besonderen Art des Betriebes einer Reihe von verschiedenen Geschäften sich Kenntnis zu verschaffen. Ein junger Richter, der von der Überzeugung erfüllt ist, daß es ihm für seine beruflichen Leistungen unvergleichlich förderlich sein wird, wenn er von der Betriebsweise und den regelmäßigen Geschäftstypen verschiedener Geschäftshäuser eine lebendige Vorstellung gewinnt, wird meist in der Lage sein, persönliche Beziehungen zu knüpfen, die es ihm ermöglichen, im privaten Verkehr sich reiche Orientierung zu verschaffen. Sehr wertvoll ist es natürlich, wenn einem jungen Juristen Gelegenheit geboten wird, eine längere Zeit an den Bureaus eines großen Geschäftsbetriebes zu arbeiten. Allerdings ist in solchem Falle bedeutender Nutzen für den Juristen nur dann zu erhoffen, wenn es ihm beschieden ist, daß einer der Chefs oder höheren Beamten sich seiner Ausbildung besonders annimmt.

Je länger der Richter im Amte ist, desto leichter wird es ihm mit der zunehmenden Erfahrung werden, seine Einsicht in die Lebensverhältnisse durch Ausbreitung der Bekanntschaften und Anknüpfung von Beziehungen mit Männern aller Stände zu fördern. Es muß auch dem deutschen Richter möglich sein, sich ein so hohes Maß von praktischer Lebenserfahrung zu erobern, wie es den aus den hervorragendsten Vertretern der Anwaltschaft entnommenen hohen englischen Richtern nachgerühmt wird. Daß der Richter ohne eigenes, außerhalb seiner amtlichen Tätigkeit aufgewendetes Bemühen dahin gelangen kann, glaube ich nicht.

Man hört manchmal die Meinung äußern, der Verkehr des Vorsitzenden einer Kammer für Handelssachen mit seinen Handelsrichtern reiche aus, dem Richter die fehlende Erfahrung zu verschaffen. Ich bezweifle, daß dem amtlichen Verkehr mit den Handelsrichtern eine solche Wirkung zugeschrieben werden darf. Es genügt nicht, den Kaufmann zu hören, wenn sein Denken darauf gerichtet ist, die Streitigkeiten anderer zu beurteilen. Es kommt darauf an, den Kaufmann bei der aufbauenden, schaffenden, erwerbenden Tätigkeit kennen zu lernen, ihn zu hören, wo er von seinen eigenen Interessen spricht. Wenn der Kaufmann über Streitigkeiten anderer zu urteilen berufen ist, bewegt er sich nicht in seinem Element. Die Kräfte, die das Erwerbsleben bewegen, und die der Richter verstehen soll, können in dem Momente, in dem der Kaufmann am grünen Tische richterlich tätig ist, nicht studiert werden. Ich erinnere mich, daß ein — jetzt verstorbener

— besonders hervorragender und mit einer erstaunlichen Erfahrung in Handelssachen ausgerüsteter hanseatischer Richter auch im schon gereiften Alter sich niemals scheute, wenn ihm in einem Rechtsstreite eine neue und zunächst nicht vollkommen verständliche Erscheinung des Verkehrslebens entgegentrat, alsbald einen Bekannten aus dem betreffenden Handelszweige aufzusuchen, um sich von ihm eingehend über die Verhältnisse orientieren zu lassen.

Ich hoffe, daß man mir nicht entgegnen wird, es genüge ja die Vernehmung von Sachverständigen. Wer auch nur einmal selber ausprobiert und verglichen hat, was man über die Verhältnisse irgend einer Betriebsart oder eines Zweiges der Technik in beliebig ausgedehnten freundschaftlichen Unterredungen mit einem Kundigen lernen kann, und was im Vergleiche damit die in solennen Formen in Gegenwart vieler Personen vor sich gehende Sachverständigenvernehmung oder die schriftliche Begutachtung zu leisten vermag, wird den Einwand nicht erheben. Natürlich handelt es sich hier für mich immer nur um eine Orientierung über den Boden, aus dem der konkrete Streitfall hervorgewachsen ist, um die allgemeinen Kenntnisse, ohne die die konkreten Vorgänge nur unvollkommen begriffen und namentlich nur ohne das lebenswahre Kolorit, das für die Beurteilung so wichtig ist, gesehen werden können.

Daß jeder Kastengeist, wie er zuweilen dem deutschen Beamten vorgeworfen wird, von dem ich persönlich aber im Richterstande niemals eine Spur habe entdecken können, der Gewinnung der erforderlichen Lebenserfahrung eine völlig unübersteigliche Schranke bereiten müßte, versteht sich von selber.

Dem Leser wird vielleicht auffallen, daß die bisherigen Ausführungen über die Bedeutung praktischer Lebenserfahrung sich viel mehr auf den Bereich von Handel, Industrie und Kleingewerbe als auf den Bereich der Landwirtschaft beziehen. Ich habe mich der Äußerung über die nicht minder wichtigen Beziehungen zur landwirtschaftlichen Welt enthalten, weil mir nach dieser Richtung die persönlichen Erfahrungen fehlen. Für möglich halte ich, daß die Sache da insofern anders liegen wird, als in den ländlichen Bezirken die jungen Richter vielleicht in ihrer großen Mehrzahl schon von vornherein von den Grundbedingungen und Verhältnissen des landwirtschaftlichen Erwerbslebens mehr Kenntnis und mit dem ganzen landwirtschaftlichen Erwerbsleben und Treiben stärkere Fühlung haben mögen.

Ein weiter für den Richter wichtiges Gebiet der Erfahrung sind die Lebensverhältnisse und Lebensgewohnheiten der unbemittelten Bevölkerungsklassen. Es ist kaum möglich, im Eheprozeß, bei Streitigkeiten über die Kinder und bei Streitigkeiten über den an den Vater oder die Mutter zu gewährenden Unterhalt, dann, wenn es sich um Arbeiterfamilien handelt — sobald die Dinge nicht äußerst einfach liegen — richtig zu urteilen, wenn der Richter nicht mit dem Leben jener Stände sich irgend wie näher vertraut gemacht hat. Für sehr wertvoll nach dieser Richtung halte ich die Beteiligung an der kommunalen Armenpflege oder bei verwandten Arbeiten. Auch hier ist es schwer, mit Leuten zu streiten, die es nicht probiert haben und den Nutzen nicht an sich selber erfahren haben. Wer es probiert hat, wird, wie ich glaube, auf meiner Seite sein.

Ich wende mich zu anderen Formen der Weiterbildung der jungen Juristen. Wenn es sich darum handelt, die mit dem Ausdrucke „Weltfremdheit der Richter" unrichtig bezeichnete aber im Grunde doch vorhandene Unvollkommenheit zu überwinden, so kommt neben dem Bemühen, das Erwerbsleben in seinem dichtesten Treiben kennen zu lernen, auch die Ergänzung der allgemeinen Bildung im Wege eigentlichen Lernens in sehr erheblichem Maße in Betracht.

Die gewaltigen Fortschritte der Naturwissenschaft und der Technik haben auch eine starke Änderung der Materien, mit denen wir uns bei der Prozeßentscheidung zu befassen haben, mit sich gebracht. Wer an einem der größeren Verkehrszentren als Richter zu wirken hat, weiß davon zu reden, wie häufig heutzutage schwierige naturwissenschaftliche und technische Fragen in die Rechtsstreitigkeiten hineinspielen. Ganz besonders gilt das bei Streitigkeiten über Patente. Der Jurist früherer Zeiten konnte allenfalls auch ohne alle naturwissenschaftliche Schulung seiner Aufgabe gerecht werden. Jetzt wird die Sache schwieriger. Eine verbreitete Meinung geht dahin, daß der Jurist sich ja des Rats technischer Sachverständiger bedienen könne und daher eigener Schulung nach jener Richtung nicht bedürfe. Bei mir löst die Äußerung dieser Ansicht immer eine Empfindung fröhlicher Heiterkeit aus. — Ja, bei kleinen Sachen, da geht es so ganz gut. Man bestellt einen Sachverständigen und folgt seinem Gutachten, auch ohne seine technischen Erwägungen ganz zu verstehen. Aber kaum werden die Interessen größer, kaum handelt es sich um Hunderttausende, da kann von einem so bequemen Verfahren nicht mehr die Rede sein, denn nun werden von beiden Parteien Gutachten über Gutachten hervorragender Männer beigebracht, die gerichtlichen Sachverständigen vertreten abweichende Ansichten, die technischen Fragen treten in den Mittelpunkt der Diskussion, und nun liegt es dem Richter ob, die Verhandlungen zu leiten, die Differenzen aufzudecken, die richtigen Beweiserhebungen zu veranlassen und die Beweiserhebungen richtig zu fördern. Das in zweckmäßiger Weise zu tun, ist schlechterdings unmöglich, wenn bei dem Gerichte sich nicht das eine oder das andere Mitglied findet, das bereit ist, sich in die technische Materie zu vertiefen, und das auch vermöge der Art seiner Bildung imstande ist, das mit Erfolg zu tun. Ich erinnere mich an große Prozesse, bei denen der eine und der andere Richter einfach nicht umhin konnte, sich mit Fragen der Schiffsbautechnik, der Baukunst, der Chemie eingehend zu beschäftigen, weil es eben ganz unausführbar war, bei dem Widerstreite der technischen Ansichten die Verhandlungen und Beweiserhebungen zweckdienlich zu fördern, wenn das Gericht nicht den Sinn der technischen Ausführungen in den Hauptzügen verstand. Die Sache liegt auch unter Umständen so, daß sehr hervorragende Sachverständige die entgegengesetzte Auffassung vertreten, und daß es überhaupt keinen weiteren Sachverständigen von so überragender Autorität gibt, daß man diesem als einem Obergutachter gewissermaßen die Entscheidung anvertrauen könnte. Dann bleibt dem Gerichte nichts übrig, als sich für die eine oder die andere Ansicht zu entscheiden. Ein Gericht, das solchen Aufgaben nicht gewachsen ist, muß gegebenenfalls praktisch versagen. Ich bin der Meinung, daß es für die Rechtsprechung von nicht zu unterschätzendem Werte sein würde, wenn unter den jüngeren Richtern — gewissermaßen eingestreut unter die Richterschaft — nicht wenige Männer ausgerüstet mit guter naturwissenschaftlicher Bildung emporwüchsen.

Ich verwahre mich gegen das Mißverständnis, als läge mir daran, daß unter den Richtern sich Fachmänner für bestimmte Zweige der Technik befänden. Daran ist nicht zu denken. Es handelt sich für mich nur um den Besitz einer guten modern-naturwissenschaftlichen Bildung. Wer über eine gute modern-naturwissenschaftliche Bildung verfügt, kann auch meiner Überzeugung nach gegebenenfalls durch Einsatz reichlicher besonderer Arbeit sich soweit mit jeder technischen Prozeßmaterie bekannt machen, wie es erforderlich ist, damit er den Prozeß zweckmäßig leiten und die Entscheidung sachdienlich vorbereiten kann. Der Nutzen naturwissenschaftlicher Bildung einzelner Richter, der bei großen Prozessen der geschilderten Art deutlich in die Erscheinung tritt, würde sich, wenn auch minder auffallend, auch bei der Behandlung zahlreicher kleinerer Rechtsfälle geltend machen. Auch hier wieder wird die Partei, die in der Welt der Technik lebt, den Eindruck haben, daß der Richter, der in Ermangelung geeigneter naturwissenschaftlicher Schulung des Denkens und der Anschauung den Sachverhalt schwer und langsam oder gar überhaupt nicht begreift, „weltfremd" sei, und ihr Vertrauen zur Rechtspflege wird leiden. Die Technik hat in unserem Rechtsverkehr eine solche Bedeutung gewonnen, daß die Rechtspflege gut daran tut, dafür zu sorgen, daß man auch zu ihrer Leistungsfähigkeit für technisch gefärbte Streitigkeiten Vertrauen hege.

Fast noch wichtiger als die Förderung naturwissenschaftlicher Bildung scheint mir die Förderung der Kenntnis der lebenden Sprachen. Ich bin mir bewußt, daß in meiner Vaterstadt Hamburg insofern Ausnahmeverhältnisse bestehen, als wohl nur an wenigen Orten Deutschlands in gleichem Maße englische und französische Schriftstücke bei den gerichtlichen Verhandlungen gelesen und erörtert werden müssen. Ich vermute indessen, daß schon jetzt auch in allen größeren Industrieorten fremdsprachliche Dokumente und Briefe häufig in den Rechtsstreitigkeiten eine Rolle spielen werden, und wenn das noch nicht der Fall sein sollte, so wird die rasche Zunahme des Verkehrs Deutschlands mit dem Auslande einen solchen Zustand sicherlich bald herbeiführen. Bei den in den Hansastädten geführten Prozessen sind recht häufig umfangreiche Dokumente und Korrespondenzen, die in englischer oder französischer Sprache geschrieben sind, zu würdigen. Es ist bei uns nicht üblich, in solchen Fällen die Hilfe von Dolmetschern heranzuziehen. Bei Streit über die Auslegung von schriftlichen Mitteilungen handelt es sich oft um geringe Verschiedenheiten des Sinns, gewissermaßen um

Schattierungen des Ausdrucks. Die Verdolmetschung enthält dann praktisch die Entscheidung. Muß die Auslegung eines Schriftstücks, die an sich Aufgabe des Gerichts ist, deshalb, weil das Schriftstück in einer weniger bekannten Sprache, z. B. in russischer Sprache, geschrieben ist, praktisch dem Dolmetscher überlassen werden, so läßt sich das nicht ändern, es wird das aber in der Regel eine starke Beeinträchtigung des inneren Wertes des Urteils bedeuten. Bei häufigem Vorkommen englischer und französischer Briefe und Dokumente darf aber das Gericht des betreffenden Orts einen so wesentlichen Teil der Entscheidung nicht aus der Hand geben, wenn es nicht Gefahr laufen will, bei den rechtsuchenden Kreisen Befremden und Mißtrauen in die Leistungsfähigkeit der Rechtspflege wachzurufen. An solchen Orten müssen die Richter suchen, sich eine so weitgehende Kenntnis der englischen und eventuell auch französischen Sprache anzueignen, daß sie des Dolmetschers entraten können und genügend Fertigkeit in der fremden Sprache besitzen, daß sie der Aufgabe der Auslegung gerecht werden können. Ich halte für den jungen Juristen, der an einem Verkehrszentrum wirken will, die Kenntnis des Englischen und Französischen für so wichtig, daß ich seit längerer Zeit vielen Referendaren auf das dringendste angeraten habe, in ihren Mußestunden sich energisch der Vervollkommnung in jenen Sprachen zu widmen.

Zur Beeinträchtigung des Vertrauens in unsere Zivilrechtspflege mag auch die Form beitragen, in der wir die Gründe, die uns zur Prozeßentscheidung geführt haben, den Parteien bekannt geben. Ich weise auf diesen Umstand nur im Rahmen eines kurzen Nachtrages hin, weil er mir weniger bedeutsam als die bisher erörterten Umstände erscheint. Wenn ein intelligenter Mann einen Prozeß führt, so will er, falls er den Prozeß gewinnt, aus dem Urteil ersehen, warum er recht hat, und so will er erst recht, wenn er den Prozeß verliert, aus dem Urteil ersehen, warum er unrecht gehabt haben soll. Das kann ein noch so intelligenter Laie aus dem Urteile oft nicht ersehen, weil er auf ein Gewebe abstrakt gehaltener Argumente oder auf Erörterungen über verschiedene Lehrmeinungen trifft, und weil solche Ausführungen für den Laien unter Umständen einfach unverständlich sind. Da der Laie weiß, daß wir seit 1900 ein bürgerliches Recht haben, das einem gebildeten Nicht-Juristen verständlich sein soll, so hat er den Eindruck, daß die ganze Unverständlichkeit wieder einmal durch die unglückliche „Weltfremdheit" der Richter verschuldet ist, die nicht einsehen, worauf es ihm ankommt, und die ihm Steine statt Brot geben!

Ich weiß natürlich aus eigener Erfahrung sehr wohl, daß es bei dem Aufbau und der Ausdrucksweise des Bürgerlichen Gesetzbuchs hin und wieder unmöglich ist, die Entscheidungsgründe so zu schreiben, daß ein intelligenter Laie sie schlank verstehen kann. Aber ich glaube, daß dieser Fall doch nicht so sehr häufig ist. In nicht wenigen Fällen wird die für die Partei befremdliche und unbefriedigende Gestaltung der Entscheidungsgründe auf eine bestimmte Tendenz zurückzuführen sein, die beim Schreiben der Gründe wirksam gewesen ist. Es ist das die im Richterstande verbreitete Tendenz, durch die Abfassung der Entscheidungsgründe nicht allein die Parteien und deren Anwälte davon zu unterrichten, wie die Entscheidung sich rechtfertigt, sondern zugleich — wenn auch in gedrängter Form — eine gute rechtswissenschaftliche Abhandlung zu schreiben.

Jene Tendenz halte ich für gefährlich. Auch hier kann man nicht zwei Herren dienen — zugleich der Rechtswissenschaft und praktischen Justiz! Wenn die Entscheidungsgründe zum Abdruck in wissenschaftlichen Zeitschriften geeignet sein sollen, wird man sie meist anders schreiben, als wenn man sie für die Parteien schreibt. In die Gründe, die abgedruckt werden sollen, gehören die Zitate aus Literatur und Judikatur hinein, und es müssen abweichende Lehrmeinungen in angemessenem Umfange gewürdigt werden. Auch Ausblicke auf angrenzende Gebiete sind hier oft am Platze. Der Partei — und ich habe hier nur die intelligente Partei, wie z. B. den Chef eines großen Fabrikbetriebes, im Auge — wird das alles wie überflüssiges Beiwerk erscheinen, durch dessen Hinzufügung die überzeugende Kraft der wesentlichen Gründe leicht abgeschwächt wird. Und in der Tat, das Unbehagen, das die meisten Männer des Geschäftslebens ergreifen wird, wenn sie ihre Streitfälle unter Aufwand reicher Gelehrsamkeit abgehandelt sehen, ist nicht völlig ohne berechtigten Grund. Der erfahrene Richter kennt die Gefahr, die in dem Auftauchen interessanter Rechtsfragen liegt. Bei der Erwägung einer Prozeßentscheidung wird nur zu leicht durch das Interesse an der interessanten Rechtsfrage die Aufmerksamkeit der Richter von den Tatsachen abgelenkt, und es kommt dann zu einer sorgfältig begründeten, für den juristischen Leser interessanten Entscheidung, die aber den Tatsachen nicht gerecht wird.

Ich verkenne keinen Augenblick, daß die Publikation juristisch bedeutender Untersuchungen in den Entscheidungsgründen der Gerichte geeignet ist, die Rechtswissenschaft zu fördern, und ich schätze diesen Erfolg hoch ein. Trotzdem sollte meiner Ansicht nach in der deutschen Rechtspflege der Hauptzweck der Abfassung der Entscheidungsgründe stärker als bisher betont werden, und sobald die Erreichung dieses Hauptzwecks auch nur im geringsten gefährdet werden könnte, sollte die Rücksicht auf die Förderung der Rechtswissenschaft zurückgestellt werden. Ich erinnere mich aus früherer Zeit, daß in meiner Vaterstadt von den Anwälten die Urteile aus der Feder eines bestimmten höheren Richters sehr geachtet waren, weil die Gründe besonders kurz und zugleich immer besonders treffend und erschöpfend waren. Meiner Ansicht nach sind solche Urteile, die ohne Gelehrsamkeit zu bringen, wegen ihres inneren Werts und ihrer überzeugenden Kraft die besondere Anerkennung der Beteiligten finden, in weit höherem Maße Kunstwerke auf dem Gebiete der Rechtsprechung, als Urteile, die den Charakter und Wert guter wissenschaftlicher Abhandlungen haben. Einem derartigen schlichten Urteile sieht man nicht immer an, wie viel Arbeit darin steckt, und es lenkt nicht die Aufmerksamkeit Außenstehender auf sich. Daher gehört eine gewisse Entsagung dazu, sich zur Abfassung solcher Urteile durchzuringen. Dem Ansehen der Justiz in der Bevölkerung würde es aber meiner Ansicht nach in hohem Maße zugute kommen, wenn unter den Juristen die Anschauung an Boden gewänne, daß ein ohne gelehrtes Beiwerk kurz und treffend und dabei doch erschöpfend begründetes Urteil im allgemeinen eine schwierigere und bessere Leistung darstellt als ein zu einer gedrängten wissenschaftlichen Abhandlung gestaltetes Urteil.

Zwei Ausnahmen muß ich machen. Es ereignet sich nicht selten, daß es in einem Rechtsstreite der Partei nicht allein daran liegt, die Verurteilung des Gegners zu einer bestimmten Leistung durchzusetzen, sondern daß ihr daneben ebensoviel daran liegt, daß bestimmte für sie grundsätzlich wichtige Rechtsfragen durch Richterspruch geklärt werden. Ich denke z. B. an große Prozesse zwischen Vereinigungen von Arbeitgebern und Vereinigungen von Arbeitnehmern. Hier, wo es sich um ein Rechtsgebiet handelt, auf dem noch große Unklarheit herrscht, würde das Gericht seine Aufgabe verkennen, wenn es sich solche Selbstbeschränkung auferlegte, wie ich vorher anempfohlen habe. Hier liegt den Parteien an der Klärung großer prinzipieller Rechtsfragen. Selbstverständlich ist es da auch Aufgabe der Gerichte, rechtswissenschaftliche Pionierarbeit zu leisten und die Ergebnisse in den Entscheidungsgründen mitzuteilen. — Sodann trifft das von mir vorher Ausgeführte nach meiner Auffassung nicht für die Rechtsprechung des Reichsgerichts zu. Das Reichsgericht hat die Aufgabe, durch seine Judikatur für die Erhaltung gleicher Rechtsprechung in Deutschland zu sorgen. Das Reichsgericht soll seine Entscheidungsgründe daher nicht nur für die Parteien sondern — vielleicht sogar in erster Linie — für die ganze deutsche Juristenwelt schreiben. Das sind andere Grundbedingungen als diejenigen, die für die Rechtsprechung der Untergerichte bestehen.

Ich resumiere: Wir haben in Deutschland Bestrebungen, die auf eine weitgehende Reform der Ziviljustiz abzielen. Ihr Ausgangspunkt ist die Überzeugung, daß die Zivilgerichte vielfach nicht völlig dasjenige leisten, was sie leisten sollten, und daß das Vertrauen zur Ziviljustiz nicht so fest ist, wie es sein sollte. Diese Sorge teile ich, wenn ich auch glaube, daß in dieser Hinsicht starke Übertreibungen vorgekommen sind. Ich bin aber der Ansicht, daß die Ursachen von solcher Art sind, daß es zu ihrer allmählichen Beseitigung gewaltiger äußerer Reformen, wie sie der „juristische Modernismus“ im Auge hat, nicht bedarf. Ich glaube, daß schon nicht wenig dadurch geholfen wird, daß die Untergerichte sich durchweg zu jener Freiheit in der Gesetzesauslegung emporheben, in der ihnen das Reichsgericht voranschreitet. Ich glaube weiter, daß die Hauptursache der bestehenden Verstimmung in der allgemein verbreiteten Überzeugung von der sog. „Weltfremdheit“ der

Richter zu finden ist, und daß diese verbreitete Meinung wiederum ihre letzte Ursache in einer bestimmten Tendenz unserer Rechtsprechung hat, die mit einer Unvollkommenheit der Ausbildung unserer Richter in Wechselwirkung steht. Jene Tendenz ist die Neigung, die Geistesarbeit der Rechtsauslegung und Rechtsanwendung gegenüber der Aufgabe des tiefen Eindringens in die Tatsachen und die tatsächlichen Grundverhältnisse stark in den Vordergrund treten zu lassen. Die Unvollkommenheit der Ausbildung ist der Mangel an ausreichend intensiver Berührung mit dem praktischen Leben, das außerhalb der Rechtsstreitigkeiten liegt.

Was erforderlich ist, ist eine Art von Umwertung. Die Aufgabe, die Lebensverhältnisse, über die der Richter zu entscheiden hat, von Grund aus zu verstehen, muß in ihrer Schwierigkeit und Noblesse höher gewertet werden. Schon auf der Universität und mehr noch während des Referendariats sollte der junge Jurist fort und fort darauf hingewiesen werden, daß es eine irrige Auffassung sei, wenn jemand meine, daß im Zivilprozesse die Feststellung des Sachverhalts den mehr handwerksmäßigen Teil der Aufgabe darstelle, und daß die eigentliche edele Aufgabe der Juristen im Zivilprozesse erst mit der Rechtsauslegung und Rechtsanwendung beginne. Durchdringt man dann die jungen Richter mit der Überzeugung, daß es für das Gedeihen des Richters in seinem Berufe das wichtigste sei, daß er nach erlangter wissenschaftlicher Vollreife nunmehr mit äußerster Energie bestrebt sei, eine möglichst umfassende Erfahrung auf den verschiedensten Lebensgebieten, insbesondere den Gebieten des Erwerbslebens, zu erlangen und seine Allgemeinbildung zu ergänzen, wie ich das vorher genauer entwickelt habe, so wird damit für die Erhaltung und Steigerung der Autorität der Gerichte meiner Ansicht nach sehr viel gewonnen sein.

Ich glaube, daß die deutschen Justizverwaltungen es in der Hand haben, einen großen Teil der Unvollkommenheiten der Zivilrechtspflege, die in neuerer Zeit so viel Besorgnis verursacht haben, allmählich zu beseitigen. So ausgeschlossen es ist, daß deutsche Richter bei ihren Entscheidungen nach einer anderen Richtschnur als ihrem eigenen Gewissen handeln werden, so werden doch viele der Gerichtsassessoren und jüngeren Richter gern geneigt sein, bezüglich der Art ihrer weiteren eigenen Fortbildung, den Wünschen ihrer vorgesetzten Behörden Gehör zu schenken. Den Justizverwaltungen wird es möglich sein, der geistigen Weiterentwickelung der Assessoren und jungen Richter mehr als bisher eine Wendung zum Praktischen, zur Lebenserfahrung und zur Vertiefung der Allgemeinbildung hin zu geben, und dadurch die beruflichen Leistungen der heranwachsenden Richtergenerationen zu steigern. Die Rechtswissenschaft wird darunter nicht leiden, sondern sie wird im Gegenteil aus der Vertiefung des Verständnisses für die tatsächlichen Lebens- und Verkehrserscheinungen Nutzen ziehen.

Druck von A. W. Hayn's Erben (Curt Gerber), Potsdam.

Kolibri 360 GmbH
Ferdinand-Jühlke-Straße 7
99095 Erfurt, Deutschland
produktsicherheit@kolibri360.de